U0851200

南粤清风小丛书

廉洁风物

物华特产卷

南粤清风小丛书编委会 编著

南方日报出版社
NANFANG DAILY PRESS
中国·广州

图书在版编目（CIP）数据

廉洁风物 ： 物华特产卷 / 南粤清风小丛书编委会编著. -- 广州 ： 南方日报出版社，2025. 5. --（南粤清风小丛书）. -- ISBN 978-7-5491-2941-6

Ⅰ. F762. 7

中国国家版本馆CIP数据核字第2024K048V1号

LIANJIE FENGWU

廉洁风物：物华特产卷

编　　著：南粤清风小丛书编委会
出版发行：南方日报出版社
地　　址：广州市广州大道中 289 号
出 版 人：周山丹
策划统筹：阮清钰
责任编辑：黄子旸
装帧设计：肖晓文
责任校对：阮昌汉　符文达
责任技编：王　兰
经　　销：全国新华书店
印　　刷：广州市岭美文化科技有限公司
成品尺寸：120㎜×200㎜
印　　张：3
字　　数：48 千字
版　　次：2025 年 5 月第 1 版
印　　次：2025 年 5 月第 1 次印刷
定　　价：16.00 元

◆ 总序 ◆

天地有正气　南粤拂清风

加强新时代廉洁文化建设是打赢反腐败斗争攻坚战持久战，一体推进“三不腐”的基础工程。2024年年初在广州召开的十三届省纪委三次全会，提出要推动新时代廉洁文化建设出新出彩，建设清廉广东。

习近平总书记指出：“研究我国反腐倡廉历史，了解我国古代廉政文化，考察我国历史上反腐倡廉的成败得失，可以给人以深刻启迪，有利于我们运用历史智慧推进反腐倡廉建设。”新时代廉洁文化建设，清廉广东建设，需要汲取中华优秀传统文化中的廉洁思想营养，尤其是古代廉政文化。

以广东为发祥地和中心地的岭南文化，是中华优秀传统文化的重要组成部分，蕴藏着丰富多彩的廉洁文化基因，培育了一大批生长于斯、尚廉行洁的优秀先贤廉士，其中有持身养正的廉官，也有一心为民的公仆；有勤政务实的能吏，也有谨严治事的严官；有正大刚方的直臣，也有世传清白的家族，等等。

近年来，我社与广东省纪委监委、省委宣传部、省文明办等共同编撰出版了《南粤清风——广东古代清官故事》《廉润南粤》《勤廉风范》以及“岭南好风尚”丛书、“我们的价值观十二讲丛书”等一批倡廉文化图书，涵养新时代共产党人的从政品德和良好家风。

基于上述图书编写经验积累和创新表达探索，我们策划了这套“南粤清风小丛书”，其宗旨与前述作品始终一以贯之，即在于挖掘南粤大地的廉洁文化基因，并加以创造性转化和创新性发展，为清廉广东建设提供助力。

“南粤清风小丛书”一套5种，分别为《廉洁风土：山川胜迹卷》《廉洁风物：物华特产卷》《廉洁风规：家训官箴卷》《廉洁风雅：诗词歌赋卷》《廉洁风度：南粤先贤卷》，旨在通过与廉洁文化相关的地理、物产、训箴、诗歌、先贤故事等展现南粤大地源远流长、丰富绚烂的廉洁文化，打造新时期廉洁文化普及性便携读本。

顾名思义，本套丛书的题眼是“风”。这“风”的意象来自《论语》中的“君子之德风”，风行草必偃。正所谓天地有正气，南粤拂清风。我们冀望廉洁文化的清风吹拂岭南大地，俾使广大党员干部厚植廉洁风土，滋养廉洁风物，秉持廉洁风规，浸润廉洁风雅，涵养廉洁风度，推动培植岭南政治生态的青山绿水。

总而言之，本套丛书主要有三个特点：

首先，立足于“粤”，注重地方性与普遍性的相融。从书案例的第一标准即是凸显广东特色。这里所选的清官廉吏、地理特产、训箴诗词等，都与广东密切相关，将其辑录成册，可作为全省各地市的地方文化读物，进学校、进祠堂、进书院、进新时代文明实践中心等。同时又不拘泥于必须发生于粤地或必定是粤人，而是延展其普遍性和经典性原则，如《陋室铭》《爱莲说》等诗文并不创作于广东，但因其作者与广东的密切关系，且对广东有着深厚的影响，我们也将其纳入《廉洁风雅》中加以赏析。

其次，主题在“清”，兼顾教育性与趣味性的结合。本丛书侧重点就是清风、廉洁，梳理广东近代以前的清官英贤以及近现代革命英烈等，题材严肃庄重，其编写必须甄别真实性，注重教育意义和现实影响。但与此同时，我们力避其枯燥性和说教味，在编写中通过不同的题材组装和编辑手段，从地理、风物、训箴、诗词、人物等不同面向来包装和讲述，不断增强亲和力、吸引力、感染力，使其具有不一样的阅读感和贴近性。

最后，形式落“小”，达到故事性与知识性的统一。丛书不求厚重、不求详尽，而是注重小而美，小而易读，小而有趣，小而有知，内容轻松易读，形式典雅便携。5种图书虽从不同面向进行架构，但其讲述形式则是一致的，也就是以讲故事的方式进行，讲好广东的清官故事，增强其可读性，融入知识性。书中通过相关栏目设置链接了不少文化、历史、地理、科普常识等，使之内容具有更为丰富的表达，以此达到润心化人的作用。

“以铜为镜，可以正衣冠；以古为镜，可以知兴替；以人为镜，可以明得失。”本书既可供广大党员干部作为廉洁从政、修身立德的党政文化读物，也可作为广大青少年了解乡土、学习先贤的特色地方读本。

本丛书的编写和出版得到了省委宣传部、驻省委宣传部纪检监察组的指导和支持，被列入2024年省直宣传系统加强新时代廉洁文化建设工作任务清单的“主题图书出版”项目，在此致以衷心的感谢！

本书编委会

2024年12月

目录

壹　花木本心

贰　鸟兽驯德

壹

花木本心

莲花：
不染淤尘，清正高洁

物类小识

莲花，莲科莲属多年生水生草本植物，也称“荷花”。花瓣多数为红色、粉色或白色，花期在六月至八月。莲花喜光，极不耐阴，花谢后形成莲蓬，内生多枚坚果，俗称“莲子”。莲花栽培品种很多，依用途不同可分为藕莲、子莲和花莲三大类。古人对莲花的雅称包括“浮香”“望舒”“盖鸳鸯”等，还将农历六月二十四定为“荷诞日”，俗称“荷花生日”。每逢这一天，古人就会泛舟赏荷、放荷花灯、品尝莲馔。

物语清风

莲花虽“脚踩”污泥，茎枝却挺拔向上，直直捧出清幽秀美的花叶。其亭亭玉立的绰约风姿，为历代文人墨客所赏。曹植的《芙蓉赋》谓其“览百卉之英茂，无斯华之独灵”，盛赞莲花的茂美与灵性。辛弃疾则在《卜算子》中讲述了莲花清新脱俗外表之下的一片苦心，肯定了莲花的坚守与高洁："根底藕丝长，花里莲心苦。只为风流有许愁，更衬佳人步。""莲"又音同"廉"，更多诗人将花的品格与官员清廉高洁的秉性相联系。

北宋的周敦颐赏得莲花品格，更行得廉洁政迹。为官三十余载，周敦颐淡泊名利，不慕钱财，自叙以廉为志的生活图景："芋蔬可卒岁，绢布足衣衾。饱暖大富贵，康宁无价金。吾乐盖易足，名濂朝暮箴。"

清正高洁的莲花

正是内心以莲荷自守、行迹以廉洁为要的周敦颐，方能泼墨而成千古名篇《爱莲说》：“出淤泥而不染，濯清涟而不妖。”正直高洁的莲花获得“花中君子”的美誉，彰显了爱莲者刚正清廉的品性。

位列“梅州八贤”的清代官员、诗人宋湘，也对莲花独怀一份感情与领悟。他专为民间荷诞日（农历六月二十四）写就的《祝荷花生日文册》，形神兼顾地表现出对荷花的赞誉。以莲品映照官格，宋湘始终清正为民，廉洁无私。嘉庆十八年（1813），58岁的宋湘被外放，出任云南曲靖知府。任职期间，宋湘访贫问苦，体贴民情，带头捐献俸禄为百姓购买棉花籽，还设置专人指导棉花种植、织布纺纱之业。此后百姓遇瘟疫饥荒、用水之困，宋湘也是如此无私奉献人力、物力、心力，只为改善当地百姓的生产与生活。其德馨廉明，正如那荷香悠远、不染淤尘的君子之花。

莲花幽香不息，感召仕人行走在清正仕途之上。

◆ 廉润古今 ◆

位于吴川市吴阳镇蛤岭村的清莲苑，是吴川市农村基层党建廉政教育基地，其依托蛤岭村荷塘周边优美的乡村景观，将党建廉政教育、传统文化与荷塘风景融汇起来。清莲苑由“党建倡廉”“荷风莲韵”“流芳广场”三部分组成，其中穿插有八德亭、廉政漫画园、爱莲坊、廉道、清风正气亭等景点，寓教于游，荷塘莲花与廉政文化相得益彰。“廉”风吹拂，透彻心脾。

梅花：
凌霜傲雪，尚洁崇清

物类小识

梅树是蔷薇科李属落叶乔木，花先于叶而放，梅花可提取香精，花、叶、根和种仁均可入药。梅果近球形，侧面略扁，呈黄色或绿色，可盐渍，或熏制成乌梅入药，有止咳、止泻之效。梅花多开放于温度较低的冬春季节，与松、竹并称“岁寒三友”，又与兰、竹、菊并称为花中“四君子”。梅花是长寿花卉，湖北黄梅县有株晋朝所植的梅花树，已有一千六百多岁，至今仍吐芬芳。

物语清风

南宋诗人林景熙在《王云梅舍记》称：“种梅百本，与乔松修篁为岁寒友”，为耐寒开放的梅花与经冬不凋的松、竹冠以“岁寒三友”的美誉。明代黄凤池则开以梅、兰、竹、菊“四君子”之称寄寓和比喻高洁品性的先河。

梅关古道上盛放的梅花

梅花与仕人品格、志向联结。元代王冕的名诗《墨梅》：“不要人夸好颜色，只留清气满乾坤”，点明了梅花争做清流的精神面貌。明代冯梦龙就曾经于晚年赋下“老梅标冷趣，我与尔同清”的诗句，以“老梅”自勉，立志为官清正。

开国十大元帅之一的陈毅，也与梅花凌霜傲雪、尚洁崇清的品质相呼应。在赣南艰苦卓绝的三年游击战争中，陈毅一度陷入梅岭被敌方围困的生死险境。当时身受伤病、饥寒侵袭的陈毅，在坚毅的革命精神与信念的支撑下，如冰天雪地中傲然挺立的红梅，吟出豪情万丈的“绝笔”诗——《梅岭三章》，也挺过了这场生死劫难。“此去泉台招旧部，旌旗十万斩阎罗”“取义成仁今日事，人间遍种自由花”，展现出革命战士顽强不屈、抱定远志的决心。

陈毅组诗《冬夜杂咏》中的《红梅》也可与此对读——“隆冬到来时，百花迹已绝。红梅不屈服，树树立风雪。”写梅亦是写人，颂梅亦是立志。作为将领，陈毅领兵作战，英勇抗敌，不惧险境；而为官掌权，更是公私分明，不屈一己之私。就连送父母归乡生活，陈毅都与他们“约法三章”，要求不惊动地方政府，不动用公家资源。如此可见，唯有扎根于寒天冻地而不惧霜寒、播散清气，唯有为国家人民勇闯荆天棘地而无畏艰险、不营私欲，方无愧为一株傲立的红梅，无愧为一个服务人民、大公无私的清正官员。

自苦寒而发，梅花坚毅傲立，只做清流，成为卓绝无二的人世楷模。

廉润古今

梅岭又称“梅关”，是横跨赣粤两省的天然屏障，位于韶关市的梅关古道，是古代行客出入岭南的重要通道。历史上，不少清官廉吏在梅关古道上留下诗文。唐代名相张九龄，主持开凿了这条梅关古道，为民解忧，造福百姓。而两度被贬南下、途经梅关古道的韩愈，离开故乡奔赴远地任官的岭南文化名人余靖等谪宦，都曾于此亲见梅花盛放。梅关古道如今为“广东省红色旅游示范基地”，两旁遍种梅花，将源远流长的廉洁文化传承延续。

兰花：空谷幽放，淡泊致远

物类小识

兰花，为兰科兰属附生或地生草本植物的习称。中国传统名花中的兰花，主要指兰属植物中的地生兰种类，即国兰，包括春兰、蕙兰、墨兰、莲瓣兰等，在中国有悠久的栽培历史。在中国，兰花以其沁人心脾而萦绕不绝的香气，赢得“国香”的美誉，加之不畏风霜严寒的特点，兰花成为历代文人雅士吟诗作画长久不衰的经典题材。

物语清风

我国“花中四君子”之一的兰花，以其清幽芳香闻名于世。元代诗人吴海在《友兰轩记》中谈到兰花的三大优点——“兰有三善：国香一也，幽居二也，不以无人而不芳三也”。颂扬兰花，纵使深居空谷，也自守美好本性，散发出阵阵芳香。

兰花的隽永芳香，亦飘入圣人贤士的胸怀。贤者体悟到兰花的精神魅力，向往那淡泊自守而幽雅隽永的志气，由此寄情兰花，以之自比，恰如元代李祁咏兰之句：“素心自芳洁，怡然与之俱”。

清代官员罗文俊，便是与兰花同享“芳洁素心”的一个典范。罗文俊，字泰瞻，佛山南庄镇人，曾经担任陕甘、山西、山东、浙江学政，又多次担任乡试考官。担任考官时，他一心思量如何选拔出真正对国家有益的才学之士，欣赏有独到见地而非拾人牙慧的文章，注重透过著述文章的表面，考察士子内心蕴藏的德行。

芳香隽永的兰花

尽忠职守之余，罗文俊更是清廉自守，淡泊如兰。他在任期间处事谨慎，正直廉明，始终不让儿子参加科举考试，不曾以权谋私，为子弟求得功名利禄、一官半职。据传，罗文俊晚年因病回归故里时，带回的行李只有几箱衣物，沿途的省城官员想登门拜访，他也一并回绝，可谓公私分明，两袖清风。其勤政为公如此，恰似兰花立于尘世，奉献阵阵清芳。

“心目清凉，骨节开朗”，罗文俊将个人的赏兰心得汇撰于《艺兰记》，在描绘兰花风姿形态的行文中，兰花脱俗淡雅的气质及其对观者的影响，也自然流露出来。出于对这种淡泊清志的认同，罗文俊以其官场行动实践了兰花内在的精神，超越世俗的功利欲望，坚守正直向善的秉性。

空谷幽兰，芳香隽永，献清芳于俗世，守本心以修德，其淡泊致远的品格为来者指引了一条清廉自持之路。

廉润古今

位于云浮市郁南县的兰寨村，被评为第四批中国传统古村落、云浮市廉洁文化教育基地。以“兰”为村名，象征着“典雅高洁，淡泊名利”，与村内流传久远的清廉家风相映照。漫步兰寨村，“正己路”有“天地有正气，正人先正己”的含义；“十德第”将“仁、义、礼、智、信、忠、孝、节、勇、和”的林氏家风代代相传。而村内“状元碑”，则展现了追求真才实学、不徇私舞弊的求实精神。

菊花：不同流俗，清雅卓然

物类小识

菊花，菊科菊属多年生草本植物，是中国十大传统名花之一。其外围舌状花，颜色、大小、形状变化多样，形成不同的品种。菊花为短日照植物，喜阳光，忌荫蔽，花期多为秋冬季节。菊花的古称有“治蔷”“节花”。因其开放的秋季时节五行属金，菊花又有“金英”“帝女花”等别名。古代养菊、赏菊、簪菊、咏菊盛行，重阳前后，不仅有赛菊会，还有吃菊饼、点菊灯的风俗。

物语清风

菊花盛开在秋冬季节，不与群芳争艳，淡然清雅，立于霜风中。明代黄凤池辑有《梅竹兰菊四谱》，此后，梅、兰、竹、菊就被称为“花中四君子”。又因菊花清雅独立的特性，古人将其与不同流俗的隐士形象连接起来。东晋诗人陶渊明隐居田园，“采菊东篱下，悠然见南山”，借菊之淡雅，诉尽个人的隐逸闲情。

菊花还有一种傲立风霜、坚韧不拔的精神。南宋名臣崔与之，自号“菊坡”。崔与之是岭南自太学考取进士科第的第一人，历任三朝，屡屡于国难时刻挺身而出，政绩斐然，功勋卓著。他所管辖之处，政治清明，所统领的抗金前线，屡建奇功。晚年闲居在家，崔与之也仍然为国献策，临危受命，劝服叛军。

清雅卓然的菊花

崔与之的奉献只为家国，无关利禄。在任期间，他节省公费，不收取官民赠礼；在朝廷论功行赏之际，他主动请辞，分文不受。崔与之不畏暴乱、兵变、官场污风等种种“风霜雨雪”，展现出卓越的治国统兵才能，却毫不居功自得，反而主动远离纷扰，清心寡欲。如此品行，一如菊花，色泽浓郁多样，却不是为与其他花朵竞争，只是演绎自身本色。

元人王义山的《送张士隆赴广州教授序》中有这样一则故事：崔与之回乡时，随身只带一琴、一鹤，广州士子见此，愈发明白何为“廉耻”，竞相以之为师。

崔与之回到广州后，居住在城西朝天路崔府街。象征着隐士精神的菊花，受到他的喜爱，故而成为其“菊坡”自号中的一部分。北宋名相韩琦《九日水阁》中的名句——“虽惭老圃秋容淡，且看黄花晚节香”，也启发并激励着崔与之，他把居室命名为“晚节堂”，以彰显力保晚节、不失德行的决心。

悠悠菊花，高雅不屈，汇成中华文明中一股涓涓清流。

廉润古今

如今，崔与之纪念馆——清献园，坐落于广州市增城区，即崔与之的故乡。清献园由清献门、清风庭、立献厅、菊坡园四个区域组成，分别展示世人对崔与之的评价、崔与之的生平事迹与家风家训、崔与之在各方面的成就、崔与之的清廉品格。菊坡园彰显了崔与之卓然清雅、不同流俗的品格。清献园的来访者可以在游览中，体会到崔与之为政、为人的忧国忧民与两袖清风，领略岭南一代名臣的气节风范。清献园在2019年被授予“广州市反腐倡廉教育基地”称号。

木棉：
树树烽火，光明灿烂

物类小识

木棉，为木棉科木棉属落叶大乔木，木棉树姿巍峨，花期在三至四月，花为萼杯状，呈红色或橙红色，花大而美，为广州市市花。木棉与岭南渊源深厚，汉初，南越王赵佗曾把木棉树作为贡品献给汉帝；唐朝年间，越秀山麓亦广泛种植木棉树；唐宋之际，文人墨客多以木棉咏叹岭南春天。除了观赏，岭南人民还发现了木棉花的妙用，将其用于制衣、煲汤、制药等。

物语清风

木棉树高大巍峨，树形挺拔，枝头花瓣鲜红如英雄鲜血，是南国特有的“英雄树”。李时珍在《本草纲目》中记载：“木棉有草木二种。交广木棉，树大如抱，其枝似桐，其叶大如胡桃叶……”清代陈恭尹作《木棉花歌》，其中“有如尧射十日

如火盛放的木棉

出沧海，更似魏宫万炬环高台”，生动描绘出南粤木棉盛开、有如烈焰燃烧的壮丽场景。

木棉花开，冬不再来，堪比红霞，树树烽火。此种高大巍峨、灿烂夺目的树形特色，也使木棉成为有志之士寄托情怀与理想的不二之选。清代诗人张维屏，就曾经赋《木棉》一诗：“攀枝一树艳东风，日在珊瑚顶上红。春到岭南花不小，众芳丛里识英雄。”纵观其官场生涯与人生浮沉，此诗并非仅为颂木棉花开之作，实际上也是书写张维屏伟大高洁精神的生命诗篇。

爱国诗人张维屏，广东番禺（今广东省广州

市）人，他在道光年间考中进士，所任数职期间，均居官清廉，“尽心民事，深洽舆情”。《清史稿》记载，张维屏任湖北黄梅县知县时，一次江水暴涨溃堤，灾民流离失所。忧民恤民的张维屏心急如焚，为此日夜奔走。一天夜里，他乘着小舟勘查灾情时，激流将小舟冲走，他抱住大树才幸而脱险。这一险境并未使张维屏退却，反而更令其忧心百姓的安危祸福。

为了使灾民脱离困境，张维屏奏请朝廷赈灾，安排专人严格监管赈灾款项，严防被侵吞、冒领。其清廉勤政，赢得了百姓的认可，民间传颂着“犯急湍，官救民，神救官”的歌谣。道光十六年（1836），他难忍官场黑暗腐败，辞官归乡。鸦片战争爆发时，张维屏心系家国，创作了《三元里》《三将军歌》等一系列爱国诗篇。

怀着一颗赤诚正义的心，为民燃尽自我、高举火把，张维屏恰似盛放时壮丽无比的木棉，在“火焰”中传递光明灿烂的精神与力量。

木棉盛放，映照出宏大的家国理想、承载着高尚的廉洁志向，无愧于“英雄”之称。

廉润古今

广州木棉在清代时最盛，有“羊城古木棉八景”之说，其地点依次为越王故台、南海神庙、光孝寺、净慧寺（六榕寺）、五仙观、玉岩书院、十丈红棉道、从化木棉村，其中多数至今仍是热门赏花地点。“羊城古木棉八景”之首为越王台古木棉，相传，越王台为南越王赵佗所建，在今天越秀山。如今，越秀山百步梯一带依然有9棵古木棉，树龄都在120年以上，其直插云霄的英姿让人叹为观止。黄埔庙头村南海神庙内，尚有3棵古木棉，树龄均在210年以上，枝干苍劲。

竹子：寸心有节，正气凌云

物类小识

竹，隶属禾本科竹亚科，为多年生草本植物，茎称为秆，多为木质，中间稍空，有节且多而密，通常高5—10米，有的可达40余米高。作为被子植物，竹子也会开花结籽。在中国传统文化中，竹子与梅、兰、菊并称“四君子”，文人墨客常以竹为题材，寄托对坚韧、谦逊等品质的追求；在园林景观中，竹子被广泛用于营造清幽雅致的氛围，虽为草本植物，但其“树木”般的姿态和韵味，让人忘却了它在植物学上的真正身份。

物语清风

竹子中通外直、修长不屈的气魄姿态，为古往今来的文人雅客所传颂。其外直中空，有如君子虚怀若谷；其节节寸进，提醒世人守节奋发；其挺拔独立，引观者领略凌云正气。竹子除了与梅花、兰花、菊花同列“四君子”，还与松树、梅花并称“岁寒三友”。白居易写过一篇散文《养竹记》，将竹子比拟为贤人，称赞其具有“本固、性直、心空、节贞”的美德。

画竹、爱竹、似竹，清代郑板桥当属行家。任潍县知县时，遭逢荒年，郑板桥不顾他人阻挠，毅然开仓放粮、赈济百姓，但也因此得罪上司，被迫辞职归田。“千磨万击还坚劲，任尔东西南北风。”郑板桥挥笔描画竹的形态风貌，也演绎出竹贞洁正气之品格。

正气凌云的竹子

竹心映衬人心，北宋宰相寇准的故事便是一例。契丹骑兵南下时，寇准反对南迁，主张抗辽，力促宋辽双方订立“澶渊之盟”。寇准一心为民，却遭奸臣丁谓陷害，数被贬谪，于花甲之年被贬至雷州。在雷州期间，他职位虽然只是参军，但依然居官清正，勤政爱民。他劝农桑、修水利，留下良田万顷，办起学堂、传播中原文化，修建真武堂、导民习武，讲授天文地理、破除歪理邪说，被百姓称为“寇青天”。

1023年，寇准病逝于雷州，当地百姓护送其灵柩北上安葬，途经渡口时突遇狂风暴雨，大家只好停下，在灵柩前插上枯竹，防止棺木被雨水冲走。等到雨过天晴，护棺之竹竟然长出新芽，繁殖成竹林，人们遂把此渡命名为“寇竹渡”。1990年，相关部门在寇竹渡上建成首座四车道大桥，取名“库竹大桥”，这是通往雷州的必经之路。雷州方言“寇”与“库”谐音，寇准体察民情，一心为民，为官清廉，这一传说寄托了雷州人民对寇准的无限追思和景仰。

竹心似空，其质固实，寸寸守节，正气凌云。此般竹品，铭刻于中华民族的精魂中。

廉润古今

肇庆市广宁县自然资源丰富，生态环境优美，全县竹林面积达108万亩，拥有全中国最大的竹海，居“中国十大竹乡”之列。广宁竹海公园，巧妙实现竹种资源与竹文化的融合，计划建设竹文化体验区、资源培育科普区等观光区域，为旅客带来观竹、品竹、懂竹的绝佳体验机会。竹文化体验区更是衍生出三大主题：竹与名人、竹与生活、竹与精神。幽幽翠竹，投下斑驳竹影，提醒世人勿忘守节清正之心。

贰

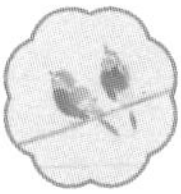

鸟兽驯德

白鹇：行止闲雅，高洁纯美

物类小识

白鹇，别名“林中仙子”，雉科鹇属大型鸡类，国家二级保护动物，是广东省“省鸟”。白鹇翎毛华丽，晋代张华所撰《鸟经》记载其“颜色纯白，行止闲雅，故名白鹇”，因其啼声喑哑，又被称为“哑瑞”；屈大均所著《广东新语》称白鹇“雌雄挚而有别，终日并游，人未尝见其乘居而匹处，雌雄不相戏狎，若朋友然”，点明白鹇生性机警、喜好自由。

物语清风

历史上，白鹇是文人雅客喜爱的珍禽。春秋时期，乐圣师旷在《禽经》中形容白鹇“似山鸡而色白，行止闲暇”；在宋代李昉所养的五种珍禽中，白鹇被称为“闲客”。北宋诗人梅尧臣有《白鹇》一诗，写下“乔木暗青山，晴川下白鹇”的赞美

行止闲雅的白鹇

之词。

李白喜养禽鸟，为求黄山隐士胡公饲养的白鹇，他写下《赠黄山胡公求白鹇》：“白鹇白如锦，白雪耻容颜。照影玉潭里，刷毛琪树间。夜栖寒月静，朝步落花闲。”以白锦喻白鹇毛色之美，赞美白鹇高洁纯美、超凡脱俗。

传说南宋末年，小皇帝赵昺在广东新会崖山时，当地人献上一只美丽的白鹇，他十分喜爱，亲自喂养，闲暇时逗鸟玩乐，人鸟日久生情。宋元崖山海战时，丞相陆秀夫见大势已去，背着赵昺投海殉国。小皇帝落水之时，鸟笼中的白鹇悲痛欲绝、拼命挣扎，最终与鸟笼一同坠入海中，以身殉主。后人将这一事件称为“义鸟殉葬”。明朝的人们修建崖山祠纪念牺牲的南宋君臣和百姓时，特意建了一座“义鸟冢”，以纪念忠贞不屈的白鹇。后来，新会区人民政府将“义鸟冢”扩建为如今崖门古战场遗迹内的“白鹇亭”，亭柱上，由新会当代著名书法家李卓见书写：“碧海青山全节庙，丹枫翠柏白鹇亭。”联文情景交融，引人慨叹。

白鹇是云南哈尼族的图腾，自古以来，哈尼族一直流传着白鹇报喜、白鹇救人等描述白鹇吉祥高洁的神话故事。而在明清两代，白鹇的图案被绣到五品文官朝服的补子（官服胸前或后背上织缀的一块圆形或方形织物，用以区分官员地位、品级高低）上，寓意官员行止高洁、正直清廉。

白鹇羽毛洁白、神貌闲雅，象征着正直清廉、从容高洁，其不与众鸟混杂的机警个性，也提醒着人们应洁身自爱、不与坏人同流合污。

廉润古今

位于肇庆市的鼎湖山国家级自然保护区，于1956年被划为中国第一个自然保护区，1979年又被联合国教科文组织列为世界生物圈保护区，保护区内生物多样性丰富，更是广东“省鸟”白鹇的栖息地。性情机警灵敏的白鹇，多在林中树枝上栖息，有时它们群体同栖，相互靠拢，排成一条直线，一旦发现敌情，立即飞走。发现没人的时候，它们就会悠闲地在林中、溪边行走，觅食昆虫、植物茎叶、果实和种子等，展现其优雅华丽的体态。

白鹭：
白羽青天，克己有序

物类小识

白鹭，鹳形目鹭科白鹭属中型涉禽，为群居鸟类，在我国主要分布于长江以南各地和海南。白鹭属共有13种鸟类，其中大白鹭、中白鹭、小白鹭和雪鹭，体羽皆是全白，通称“白鹭”。白鹭喜欢在浅水活动，捕食的时候头一点一啄，宛如捣米的舂杵或耕地的锄头，故白鹭又有“舂锄”的别称。白鹭飞行时阵列富有秩序，古人便用“鹭序”来形容古代百官朝见时井然有序。

物语清风

白鹭羽毛洁白无瑕，体态轻盈优雅，常集群栖息或飞翔。明代李时珍《本草纲目》中载其“林栖水食，群飞成序，洁白如雪……顶有长毛十数茎，毵毵然如丝”。唐代杜甫也曾写下“两个黄鹂鸣翠柳，一行白鹭上青天”的名句，描绘白鹭飞翔时白羽与青天相映的鲜明图景。由于对生存环境极为挑剔，大气和水质稍有污染便不会停留，白鹭又被称为大自然的“生态检验师”。

白鹭远离污浊，律己自守，唐代政治家、诗人刘禹锡亦有这样的经历。在唐顺宗永贞元年（805），刘禹锡与王叔文等一批士大夫，推行了一系列打击宦官势力、革新政治的善政，结果变革失败，被贬远地。刘禹锡被贬至朗州（今湖南常德、桃源、汉寿等市县地），愤懑不平的他没有就此消沉，以诗歌为情感寄托，创作了《白鹭儿》。

洁白优雅的白鹭

此诗写道："白鹭儿，最高格。毛衣新成雪不敌，众禽喧呼独凝寂。孤眠芊芊草，久立潺潺石。前山正无云，飞去入遥碧。"与众多喧闹禽鸟格格不入的白鹭，坚持独眠于野草之间，卓然特立于泉水石上，一如难忍宦官专横腐败的刘禹锡，即使被贬远地，仍洁身自好、独立不移、约束自我。被贬连州刺史时，刘禹锡兴学重教、开启连州一代文风；关心百姓疾苦，编写发放医书《传信方》；修缮海阳湖，开了岭南园林艺术的先河；加强了连州与湖南、广西等周边州县的联系。其"功利存乎人民"的为政之道对连州影响深远。

在古代，白鹭还被视为吉祥之鸟，也是六品文官朝服上的纹样图案。将白鹭作为官服补子，既取白鹭延颈远望、远察之意，"以侍察者官"；又借白鹭群飞井然有序之况，来喻百官等次有别；更是以白鹭通体洁白之特质，象征对官员清正廉洁、远离污浊的期待。

展翅飞离污浊之地的白鹭，克己自守，不负青天，提醒着人们约束自我，洁身自好。

廉润古今

潮州市西澳岛自然景观优美，拥有绵长的海岸线和旖旎的堤岸风光，同时海产资源丰富，于2024年被评为国家AAA级旅游景区。西澳岛的“白鹭天堂”，常年白鹭成群，是潮州的热门观鸟景点。每天落日时分，“白鹭天堂”的上空就会出现众鹭归巢的盛况，体态修长、体羽纯白的白鹭，成群结队地飞回岛西北角的涌尾山。在这里，白鹭或成双成对，相互依偎；或悠闲自得，梳理羽毛；又或者静立于巢内抱窝。游客们观赏洁白优雅的白鹭的同时，也可领会到传统文化比附于中的清正克己之德。

羊：
明辨是非，公正无私

物类小识

羊，是偶蹄目洞角科绵羊属和山羊属的统称，其适应性广，适应力强，从干旱、高寒山区到湿热的平地均能正常生活。羊喜欢居于干燥整洁之处，饥餐青草、渴饮清泉，洁身自好，远离污秽，不像其他畜类嬉戏于泥淖之中，因而，羊也成为清正廉洁的象征。传说中的“獬豸”是一种独角羊。至战国时，秦楚等国的御史、狱吏等执法者皆着带有独角神羊“獬豸”图案的冠服，以示公正、清廉、神圣。

物语清风

作为最早被驯化的动物之一，羊与人类生活的关系十分密切，在我国传统文化中占有重要地位。我国古代第一部诗歌总集《诗经》中，就有不少关于羊的记载，如《小雅·无羊》中的 “尔羊来思，其角濈濈”，“濈濈”为群角聚集貌，描绘出羊群繁盛的图景。“羊”的意象还被人们进一步赋予正义、清廉的精神内涵，在社会生活中得到广泛应用。

民间传说，两千多年前，广州一带连年灾荒，人们辛劳终日难得温饱。饥饿孩子的哭声、大人们的喊声，飘到九霄云外，惊动了南海的五位仙人。五位仙人身穿五色彩衣，骑着口含六束谷穗的五只仙羊降临广州。他们将谷穗赐予勤劳的人们，祝福百姓安居乐业，此地永无饥荒。五位仙人走后，五只正义的仙羊化为石头留在广州，守护着一方人

广州市地标
五羊石像

民。从此，广州成了富饶的地方，这动人的传说世代相传，广州也因此得名“羊城”。

寓意美好、正义的羊同时也是清正廉洁的象征，东汉王充所著《论衡·是应》记载，“獬豸”是一种独角羊，天生能够判断人有无罪行。相传，两度出任舜、禹时期司法官的皋陶，就会使用獬豸来协助审理案件。面对皋陶所审判案件中的嫌犯，獬豸能够判断是非，“有罪则触，无罪则不触”。与天性正直的獬豸一样，皋陶本人正是以公平正义闻名天下的，被称为中国的“司法鼻祖”。

凝聚着人们对公正的追求的獬豸，渐渐与古代司法官员的服饰联系在一起。传说春秋战国时期，楚国将仿獬豸模样制成的獬豸冠赐予司法官员。到了宋代，獬豸的形象从帽冠延伸到官服纹饰。至明清时期，獬豸作为标示官员身份品级的补子，成为御史等监察系统官员官服的固定搭配。正如元代程文海《鹧鸪天·寿郝仲明御史》一词所道：“冠獬豸，掌铨衡。镜般明了水般平。”此种设计与传承，蕴含着对官员秉公执法、廉明清正的期待。

廉润古今

时至今日，獬豸仍是被广泛应用的廉洁符号。广东省反腐倡廉教育基地正门上雕刻着一只独角獬豸，威仪堂堂，警示来客不忘清正廉洁之心。2023年，广州市纪委监委打造了廉洁IP形象——“廉洁羊”，并以其为基础，推出“廉洁羊纪法课堂”栏目，结合广州市近年来查办的违纪违法典型案例制作普纪普法类短视频，运用“廉洁羊”动漫形象穿插其中展开教育，进一步培育廉洁文化宣教品牌。

蝉：出尘不染，餐风饮露

物类小识

蝉为半翅目蝉科昆虫，长着两对膜翅，复眼突出。雄蝉腹基部有发声器，可发出鸣声。从幼虫到成虫，蝉要经历五次脱壳，其中有四次在地底下进行，最后一次是破土羽化。寒蝉为蝉的一种，青赤色，在天气转凉的孟秋月份开始鸣叫。古人常以寒蝉为对象抒情言志，发出悲秋之慨叹。由于蝉的成虫期很短，古人也常对其短暂的生命发出感慨。而蝉出尘不染、餐风饮露的高洁品性，又让文人志士对其爱之不渝。

物语清风

《荀子·大略》中说："饮而不食者，蝉也"；萧统《蝉赋》云："兹虫清洁，惟露是餐"。古人认为，蝉生于尘间，长于厚土，却能含气饮露而活，不沾染世俗尘埃，由此蝉成为文人士子讴歌吟诵的对象。晋代陆云在《寒蝉赋》中归纳，蝉具“文、清、廉、俭、信”五德：“夫头上有緌，则其文也。含气饮露，则其清也。黍稷不享，则其廉也。处不巢居，则其俭也。应候守常，则其信也。”据说古代近侍之臣冠加貂蝉，便是借蝉居高枝清洁不染寓意官居高位而清廉自持。

骆宾王曾作《在狱咏蝉》，用“无人信高洁，谁为表予心”来为自己的清白发声；无独有偶，李商隐也写过一首关于蝉的诗：“本以高难饱，徒劳恨费声。五更疏欲断，一树碧无情。薄宦梗犹泛，故园芜已平。烦君最相警，我亦举家清。”

李商隐在早年结识并拜师朝廷官员令狐楚，令狐楚非常欣赏李商隐的才华和人品，对这位弟子极为器重。有恩师的提携，李商隐早期的仕途之

出尘不染、餐风饮露的蝉

路较为顺遂。但后来，李商隐被卷入朝廷“牛李党争”，遭到打压，仕途不顺，但他始终坚守道德底线，从未失去士人的清廉风骨。公元846年，李商隐随同被贬为桂管观察使的郑亚到了桂林，郑亚很赏识他，派他代理昭州郡守，这让他有了一展抱负的机会。由于前任官员吏治腐败、横征暴敛，昭州呈现出矿业荒废、田地荒芜、百姓苦不堪言的穷困景象，李商隐下车伊始便深入各地了解民生民情，制定相应的施政措施。正当他大力改革吏治、发展昭州之际，公元848年，郑亚再度被贬为循州（今广东惠州）刺史，李商隐也只好随之到了广东。在惠期间，他作为幕属已没有多少施展才干的空间，曾游览惠州西湖，写下《槿花》等诗。在寄情山水花木之外，他也进一步接触到了底层人民的生活，写下了《赠田叟》等诗歌，反映民间疾苦、讴歌农夫质朴淳厚的品质。

栖高饮露的蝉，正是李商隐对自己清廉、高洁品性的真实写照。“烦君最相警，我亦举家清”，这是李商隐与蝉的对白，蝉的叫声让他警醒，虽遭遇坎坷，一贫如洗，但内心却清如止水，这是对自身廉洁之志的言说。情以物迁，只有心志高洁，才能弃聒噪取清音，在蝉声中赏明月清风。

出尘不染，餐风饮露，蝉鸣静心，修身养性。

◆ 廉润古今 ◆

岭南画派第二代传人、花鸟草虫创作的大家赵少昂赏蝉爱蝉，更以蝉为托，融入自己洁身自好、不染尘俗的志向。在一些画作中，赵少昂会把蝉与“四君子”中的竹、菊画在一起，相得益彰。坐落于广州市番禺区沙湾镇紫坭村的宝墨园，设有赵少昂艺术馆，陈列着赵少昂历年创作的书画作品。漫步展厅，不仅能够观摩赵少昂的写意蝉画，还能够体会自比“寒蝉”的一代名家如何静心修炼、默默耕耘。蝉的洁净高雅之风，吹入观者内心。

叁

高情雅物

古琴：心境澄明，鸣音醇正

物类小识

古琴，又称瑶琴、玉琴、七弦琴，是中国传统拨弦乐器，已有三千多年的历史，位居古代“四艺”（琴、棋、书、画）之列，属于“八音”（我国古代八种制造乐器的材料，通常为金、石、丝、竹、匏、土、革、木）中的“丝”。古琴音域宽广，音色深沉，余音悠远，被称为“太古之音”“天地之音”。2003年，古琴被选为世界非物质文化遗产，2006年被列入中国国家级非物质文化遗产名录。

物语清风

古琴弹奏者、欣赏者排除杂念，沉浸其中，愈能发扬与体验古琴声色之悠远。专记北宋诗坛掌故的《石林诗话》记载：“赵清献公以清德服一世，平生蓄雷氏琴一张，鹤与白龟各一，所向与

心境澄明，古琴之声愈发悠远

之俱。”

赵清献公，即北宋名臣赵抃，他一生直言敢谏、政绩斐然、为官清廉，其入蜀地时，仅随身携带一琴一鹤，给“琴鹤”这一意象赋予了心无杂念、清正廉洁的象征意味。

岭南古琴是古琴艺术的重要流派。早在秦代，中原琴艺已传入岭南，至汉代逐渐在广州兴起，五代十国期间，南汉国吏部郎中陈用拙著《大唐正声琴籍》，记载琴家评论及古代名琴师事况。南宋末年，元军入侵中原，宋帝从临安南迁冈州崖山，一批中原琴谱随之流入冈州。古冈州即今天的广东新会，相传新会的《古冈遗谱》即为当时的遗留。

明代岭南琴人辈出，陈白沙、梁启运、释闻一、邝露、陈子壮、陈子升等均名盛一时。至清代，岭南派古琴艺术声名日显。道光年间广东新会人黄景星编成《悟雪山房琴谱》，共收集琴曲50首，集中反映了这一时期岭南琴派的艺术成就。

岭南琴人陈子壮是明末著名爱国诗人、抗清志士。在风雨飘摇、动荡混乱的年代，他始终一身正气、廉洁刚烈，为治国安邦殚精竭虑。陈子壮为官时，多次作诗鞭挞阉党当道、祸乱朝纲的现象。魏忠贤十分忌恨陈子壮，但又有意拉拢，便派人请陈子壮为自己新建的宅邸书写“元勋”二字作为匾额，并授意：“书此二字，可得好官。”不料陈子壮断然拒绝，魏忠贤勃然大怒：“何物陈子壮，竟敢逆我意！”他安排党羽诬告陈子壮，陈子壮与父亲一同被罢官，削籍为民。面对魏忠贤许以“好官”的拉拢，陈子壮不愿曲意逢迎，尽显其廉洁自律、刚正不阿的品格。

为官如此，恰似古琴，琴声坚实有力，弹者心境澄明，方能弹奏出悠远醇正的“天地之音”。一把古琴，一道正音，提醒后人：时刻排除杂念、保持正心。

廉润古今

江门市新会区博物馆，成立于1958年，是新会区文物、标本的主要收藏地，文物科学研究和宣传机构。而岭南派冈州古琴艺术正起源于新会，为广东省江门市市级非物质文化遗产之一。2020年以来，新会区博物馆通过“古琴文化进学宫”主题活动，以多种方式宣传推广古琴艺术，相继推出雅集、展览、体验活动、公益入门班等多场古琴主题活动。人们认识古琴、了解古琴到理解古琴的过程，是非物质文化遗产的传承，也是学习抛除杂念、正心养性的修炼过程。

端砚：
端行如砚，方正立身

物类小识

端砚，又称端溪砚，因产于古端州（今广东肇庆）而得名。中国四大名砚之一，与甘肃洮砚、安徽歙砚、山西澄泥砚齐名。其制作始于唐代，距今已有一千三百多年的历史。端砚以石质坚实细腻、研墨不滞、发墨快、不损毫等品质而驰名于世。据砚石的颜色，端砚可分紫色系、绿色系和白色系。2006年，端砚制作技艺入选第一批国家级非物质文化遗产名录。

物语清风

古代文人书房中，赏用兼优的端砚不仅是器物，更照见文士品格，李贺有诗云：“端州石工巧如神，踏天磨刀割紫云。”端砚出世不易，历经斧凿，常被制为方正形体。以厚重端方之姿伫立于世的端砚，对于文人的言行举止、为人处世都具有启示性。

清宫藏端石洛书砚

宋康定元年（1040），包拯任职端州，他主政期间，兴农业、建新城、除水患、消疾患，处治贪官污吏，政绩斐然。端州盛产端砚，此前的知府趁着进贡之机敛取贡数几十倍的端砚来赠予当朝权贵，使百姓负担沉重。包拯到任后，下令按朝廷规定进贡，且每块端砚去向应有记录，不得层层盘剥，并上书请求减少采砚贡数，以减轻百姓负担。

包拯“不持一砚归”的佳话更是代代相传。包拯离任归朝时，男女老幼来到码头，为“包青天”送行。当地乡绅为表感激与敬重赠予包拯礼物，都被他一一谢绝。官船沿江而下，到达羚羊峡时，突然浊浪翻滚。包拯感到事有蹊跷，立刻叫来随行人员盘问，发现手下人竟擅自收下了一方端砚。包拯当即命人将砚取出，这块端砚，外用黄布包裹，砚身雕龙刻凤，鸲鹆眼碧绿晶莹，是一方罕见宝砚。包拯拿起端砚，将其抛入滔滔江水中，江面顿时风平浪静。被黄布包裹的端砚，落入水里，变为一片沙滩，这就是肇庆“砚洲”和“黄布沙”的由来。如今，在肇庆的丽谯楼上有一副颂扬包拯高风亮节、清正廉洁的对联：“星岩朗曜光山海，砚渚清风播古今。”

苏轼贬谪惠州途中，一睹端砚开采与制作的过程，其后，他写下数篇《端砚铭》，以端砚自勉——需得“千夫挽绠，百夫运斤”，方能获取原料的珍贵端砚，成型后仍保持优良的品质，正直不变，且“岁久愈新”。苏轼深感端砚特性对正人君子品性的浸染，感叹道：“懿矣兹石，君子之侧。匪以玩物，维以观德。”

端砚墨台，方正立身，其细润墨水不仅供文士挥毫，更铭刻下他们光明磊落、端正不屈的宣言。

廉润古今

位于肇庆市端州区的端砚博物馆，为国内最大的端砚主题博物馆，展陈面积达1312平方米，展品共719件。设有“端溪风流——端砚历史文化展”基本陈列，从“稽古探源”“紫玉生辉”“砚出端溪”等九方面，对端砚的发展历史、材质特性、制作工艺与名人故事等进行深入展示。2023年10月，端砚博物馆入选第十批广东省爱国主义教育基地。肇庆端砚，以亘古不变的优秀品质与方正身姿，滋养了中华儿女心无杂念、端方正直的精神风貌。

茅龙笔：
挥毫敬义，锋凝正气

物类小识

茅龙笔，发源于广东省江门市，是一种以茅草为主要材料制成的笔。其创始人是明代著名理学家、诗人、书法家陈献章，世称“白沙先生”。制作白沙茅龙笔，流程包括选草、浸泡、刮削、梳草、成胚、浸胶。茅龙笔笔锋修长而多锋，陈白沙利用其优点创出茅龙书法，笔势若腾蛟，生辣野趣，刚劲有力。2008年，白沙茅龙笔制作技艺入选国家级非物质文化遗产名录。

物语清风

陈白沙首创茅龙笔，相传，其在圭峰山讲学时，无意发现白茅柔软而富有弹力，于是采摘白茅制成新笔。《广东新语》记载：“白沙喜用茅笔。所居圭峰，其茅多生石上，色白而劲，以茅心束缚为笔，作字多朴野之致，白沙尝称为茅君。”

与动物毫毛制成的毛笔不同，由茅草制成的茅龙笔纤维质地较硬，毫锋秃散易干。因此，用茅龙笔写字时，有笔锋变化多样、一笔多锋、飞白强烈的效果，成文更具“疏而野”的特质。“飞白”是中国传统书画中的一种特殊笔法，书写时夹杂着丝丝白痕，为书画带来灵活变化。陈白沙以茅龙笔写雄浑苍劲字，显浩然正气，后人评价茅龙书法“一洗元代以来柔弱萎靡的书风”。而陈白沙也在《病中写怀寄李九渊》中称赞道，“茅君稍用事，入手称神工”，直言对茅龙笔的喜爱。

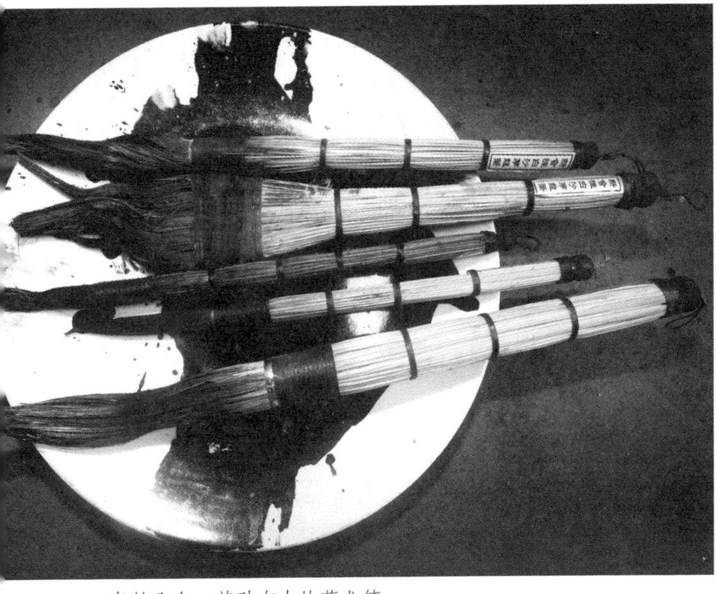

牵丝飞白、苍劲有力的茅龙笔

茅龙书法与众不同、强健有力的特质，与陈白沙生活中守志主廉的情操相映照。陈白沙一生清贫，都御史邓廷缵曾令番禺县每月给他一石米，被他以“有田二顷，耕之足矣”的理由断然拒绝。他更痛恨贪官，曾言“贪官污吏侵渔百姓，甚于盗贼”，提出应当严惩贪官，杀鸡儆猴。

兼备真才实学与清廉风骨的陈白沙，还用苍劲笔力铭刻下劝世清廉的碑文。新会的“敬义”戒石碑，便是陈白沙受新会知县丁积邀请而书写的。碑的正面直排刻“敬义”两个楷书大字，取《周易》“直其正也，方其义也。君子敬以真内，义以方外，敬义立而德不孤，直方大，不习无不利，则不疑其所行也”之义，提醒君子应品德正直、行事方正。碑的背面刻的几行字为：“尔俸尔禄，民膏民脂，下民易虐，上天难欺。”牵丝飞白、苍劲有力的茅龙笔，书写着官员时刻秉持廉洁之心、不负百姓的警示。

廉润古今

江门市新会区的“茅龙草堂”坐落于圭峰山下石涧公园的大石头风景区内，旨在继承、宣传和发扬茅龙笔与茅龙书法文化。茅龙草堂由一亭一廊一台相连，草顶覆于其上，组成名副其实的草堂。其面积达100多平方米，分设有制笔技艺展示区、实物陈列展示区、茅龙笔书画作品展示区，多角度展示茅龙笔的特点。

菊花石：
质白而坚，傲霜斗雪

物类小识

菊花石，因石块内蕴含的红柱石晶体酷似菊花而得名。构成“菊花”的晶体，实际上是在远古地质运动的影响下于岩石中逐渐自然形成的，纹理清晰，界限分明。其中，“花蕊”部分是晶粒状矿物的集合体。“花瓣”是一个个菱面体晶体形态紧挨或断续连接所产生，矿物成分依据品种不同会有所区别。

物语清风

菊花石以坚硬质地挺立在漫漫历史长河中，遭遇沧桑巨变，也未曾有半分惧色，反而从内生长出晶莹剔透的菊花纹理状晶体，似在表明傲霜斗雪的决心。《浏阳县志》记载，早在清代乾隆年间，浏阳永和镇便有人发现菊花石，取石雕砚，更显菊花石方正清雅的特质。

质白而坚的菊花石

寄情于物，寓廉于石，明代林魁与菊花石的故事便是其中一例。林魁是明代弘治年间进士，历任户部郎中大司徒、广东参政等职。任广东参政期间，林魁体察民情，常深入民间，微服私访。对于纨绔子弟横行霸道、为非作歹的恶行，林魁深恶痛绝、严厉打击，为被欺辱的百姓主持公道。林魁不为土豪劣绅的钱财势力所诱惑，也不向他们屈服，廉洁奉公，深受当地百姓的爱戴，也招来小人暗中忌恨。

当林魁告老还乡时，便有奸邪小人向朝廷弹劾林魁贪赃受贿、假公济私。皇帝派遣来的钦差大臣检查了林魁的行李，只见到一箱一箱的书籍、两箱随身服饰及五十两银子，除此之外，便只有一块菊花石。原来，这是广东渔民感念林魁为官清廉正直，特意送给林魁的。那菊花石通体洁白，质地坚硬，内里菊花傲然绽放，正是林魁清正不屈的仕宦生活的绝佳写照。

返乡后，林魁仍珍藏这块寄寓廉情的菊花石，并自号“白石”，自示秉持清正奉公的品格。怀着不忘廉正、不负百姓的心，已经告老还乡的林魁，仍然关心家乡水利情况，推动年久壅塞港道的重修工程。

一心造福民生，为官清廉奉公，林魁不惧艰苦，不图名利，用廉行德政赢得百姓爱戴。百姓赠石，林魁珍石，官民同心，益坚士宦者抱定廉志、坚守刚正高洁之心。

廉润古今

花都《花县志》记载，广州市花都区花山镇，正是因有山藏菊花石而得名："花山镇两龙东北8.5公里处，有座菊花山，因含特殊石英岩，石击破的断面呈立体菊花状，称菊花石，山因而得名。"与其他地方黑底白花的菊花石不同，花都地区的菊花石多为立体黄白色菊花图纹。花都菊花石秀美玉洁、晶莹剔透，将廉正清气世代相传。

肆

食德饮廉

橄榄：苦后回甘，方觉真味

物类小识

橄榄，是著名的亚热带特产果树，原产于我国南方地区，橄榄用途多样，可作为很好的防风树种及行道树，其木材可造船，作枕木，制家具、农具等；果核供雕刻，是汉族雕刻艺术种类之一。果实成熟时呈黄绿色，尚未成熟时为青绿色，即可生食或渍制。根据其外形特征，橄榄又有“青子”“青果”的别名；以文化内涵来论，则有“忠果”“谏果”的雅称。

物语清风

橄榄初入口时酸涩，而后回甘无穷。这种先苦后甘、余韵悠长的体验，多令食者惊奇，印象深刻，很容易推及对生活的感悟。于是，橄榄成为文人墨客诗词中的常客。苏轼就直接以“橄榄”为诗名，写下“待得微甘回齿颊，已输崖蜜十分甜”的诗句，将橄榄回甘与樱桃（别称“崖蜜”）之甜作比，称赞橄榄回甘之深远悠长。

橄榄有“谏果”“忠果”的雅称。忠臣往往敢于直言规谏，谏言难免单刀直入，甚至有些辛辣刺激，却能够在漫长的历史中，或危机来临的时刻，显出其背后的一片赤诚真心。最早将橄榄的苦涩回甘与谏臣的逆耳忠言联系在一起的，是北宋诗人王禹偁。王禹偁为官，以直躬行道为己任，遇事敢言敢谏。他写有《橄榄》一诗，点明橄榄苦涩与谏臣苦谏与谏后不得理解、反遭贬斥的暗合——“皮核苦且涩，历口复弃遗”。又提醒人们觉察体会苦

苦后回甘的“谏果”橄榄

后回甘的人生真味，懂得暂时性的苦痛中隐藏着美好未来的可能。莫要等到最后关头，才“世乱思其言，噬脐焉能追”。

橄榄中自有人生真意，清代诗人黄任亦深切领悟到这一点。黄任于雍正元年（1723）出任广东四会县令，次年兼署高要县事，在任期间颇有口碑。后因小人谗言，于雍正五年（1727）被劾去职。黄任精通诗文，一生爱砚，罢官归故里之途，船中仅载有砚石。他所作的《橄榄》一诗，在借橄榄喻官场的同时，还揭示了人何以立足于世的真理：“此果亦佳境，微甘渐渐添。韵同吟句峭，味比谏书严。弃去犹坚骨，生来便出尖。”在苦后回甘的基础上，橄榄内核坚硬、两头出尖的姿态，又照见谏臣、名士内在固着的坚韧精神、拔尖才华，慰藉并鼓励着古往今来的人们。

几分苦涩，几分甘甜。橄榄入口，留存下赤诚之心，恬淡之情，意蕴深远。

◈ 廉润古今 ◈

橄榄用途广泛，可作食物，或生食，或煲汤，或制成蜜饯，亦可入药。广东省汕头市金灶镇的“金玉三捻橄榄”，相较于普通橄榄，维生素C、蛋白质含量要分别高出125%、47%，营养价值更高。金玉三捻橄榄成熟时呈青黄色，肉质细致爽脆，外形略呈三捻（棱）形，故得其名。在潮汕地区，金玉三捻橄榄也作为社交佳品出现在逢年过节、招待贵宾、家有喜事等场合之中。品一枚橄榄，悟一分真味，在苦与甜间，是一颗坚守之心。

苦瓜：
自苦益人，君子之德

物类小识

苦瓜属葫芦科一年生草本植物，原产印度尼西亚，大约明代传入中国，如今中国大江南北都有苦瓜的踪影。苦瓜夏季开黄花，夏秋结果，瓠果肉质。因表面有瘤状突凸起，又称“癞瓜”“凉瓜”“癞葡萄”等。中国最早关于苦瓜的记载，可追溯至元代广东人陈大震、吕桂孙于元大德八年（1304）撰成的《南海志》，书中提到了“苦瓜干”。

物语清风

苦瓜虽然外貌丑陋，却能使人尝甘苦、砺心志。正如屈大均所言：“苦瓜其性属火，以寒为体，以热为用，其皮其子皆益人，又有君子之功，故今北人亦嗜之，然大抵南交喜食苦，其地火房，火炎上，炎上作苦，故人多以苦味解暑。”《本草纲目》称苦瓜能“除烦热，解劳乏，消心明目”。《随息居饮食谱》说苦瓜“青则涤热，明目清心。熟则养血滋肝，润脾补肾”。苦瓜以其苦性疗愈灼灼心火，可清热解毒，降暑祛火。

在文化上，苦瓜同样有着独特的文化意蕴。屈大均《广东新语》有云：“（苦瓜）一名君子菜。其味甚苦，然杂他物煮之，他物弗苦，自苦而不以苦人，有君子之德焉。”苦瓜与任何菜搭配，都仅保持其自身苦味，绝不将苦味传给他物；同时，其他菜也不能影响它的苦味。苦其身而不累他人，浩

自苦而不以苦人的“君子菜”苦瓜

然君子之风，在一众食材中十分少见，“不是寻常品，含章气自高”。

苦瓜自苦的廉洁秉性，也得到了文人墨客的欣赏。明末清初画家石涛嗜食苦瓜，自号“苦瓜和尚”。石涛说：“诸方乞食苦瓜僧，戒行全无趋小乘。”一味逢迎，效果却适得其反，还破坏了本身的修行；唯有甘苦自食、冷暖自知，方可认清自我、遏制欲望、升华本我。

明末清初的诗僧释函可是广东博罗人，他本是晚明吏部尚书韩日缵的长子，明亡后因“文字狱”被流放到冰天雪地的盛京（今沈阳）。函可记录下回忆中的家乡民歌，其中有一首道：“苦瓜苦，有时锄。侬心苦，无时无。黄檗苦，有时枯。侬心苦，无时无。若得侬心无苦时，长河无曲路无巇。”意思是，苦瓜是苦的，可以锄去；黄檗是苦的，也会枯死；我心里的苦却无时不在。要让我心没有苦，除非长河没有弯曲，道路没有陡坡。

夏菜之苦，首推苦瓜。烈日炎炎，苦瓜的苦味入心，理思绪，遏杂念，清志气。

廉润古今

三百年前，广东就已流行用苦瓜作馔，在几乎没有春秋两季的广东，清凉解暑的苦瓜，是全年必备的“下火神器”。苦瓜煲得靓汤、入得药膳，还能制成凉茶。佛山市狮山镇谭边村特产“大顶苦瓜”，比起普通的苦瓜，其含糖量要高出10%，吃起来更加爽口和甘甜。而以大顶苦瓜为主角的大顶苦瓜宴，更是南海八大名宴之一，苦瓜刺身、客家酿苦瓜、苦瓜柠檬茶、苦瓜甜品、苦瓜双皮奶……众多美味佳肴吸引着人们前来“自讨苦吃”。

薏苡：
“明珠”薏苡，舒张正气

物类小识

薏苡属禾本科，为一年生或多年生草本植物，原产中国。去了壳的薏苡的籽实即薏米，呈宽卵圆形或长椭圆形，可入药，也称“苡仁”。河姆渡遗址中发现、出土过大量的薏苡种子，说明薏苡在中国至少有六千多年的栽培历史。古人一直重视薏苡的食疗功效，北宋司马光在《资治通鉴》中称薏米为“享米”，是指人们将优质的薏米进贡给天子享用。

物语清风

薏苡仁不仅形态光白润泽，还可作饮食之用，裨益人体，在古代就已被采用。《神农本草经》形容薏苡仁“形似珠而稍长”，又因其乳白光滑，自古便有“明珠薏苡”一说。《本草纲目》则记载，薏苡仁有“健脾益胃，补肺清热、祛风胜湿”的功效。薏苡仁虽形体微小，却以其优美形态与实用功能得到认可。

东汉时期的马援便懂得薏苡仁的优点。《后汉书》记载，马援被光武帝任命为伏波将军，领兵南下平定边境动乱。在岭南时，马援得知薏苡仁祛除瘴气的功效，便常服用薏苡仁，果然奏效。出征的马援英勇作战，战功卓著，但他不居功自傲，更不以权谋私，每到一处，都为当地郡县修城开渠，便利百姓。班师回朝时，马援看中南方薏苡仁果实更为饱满，便带回一车至中原推广种植。

扶正祛湿的薏苡

然而，带到中原地区的薏苡仁，被权贵误认为珍奇的南方珍珠；廉正有功的伏波将军马援，病逝后也因此被诬告为贪污腐化，险些不得安葬故土，经过马援亲属与朝中正直臣子反复上书申冤，方得平反。由此，“薏苡明珠”一词便用来形容遭人污蔑、蒙受冤屈的情形，也成为后世诗词中官员用以自示廉明、自持胸怀的典故。

作为宋朝将领的辛弃疾，便在赠别友人时反向采用马援薏苡的典故，以表明遭受“奸贪”诽谤的自己赤诚忠率的胸怀。他写道：“愧我明珠成薏苡，负君赤手缚於菟。观书到老眼如镜，论事惊人胆满躯。万里云霄送君去，不妨风雨破吾庐。”辛弃疾任湖南安抚使期间，尽忠职守；面对外敌入侵局势，他更是从公出发，力主抗金，不惧主和派威压对其个人利益的影响；遭受诽谤后，他仍先公后私，忠于国家。其落笔挥毫，一字一句，如“明珠”薏苡般，祛除湿邪，舒张正气。

“明珠”薏苡，廉光千古，祛邪除湿，匡正清心。

廉润古今

时至今日，薏苡仁在广东地区仍是家喻户晓的食材。薏苡仁既可用于煲汤，又可以泡茶饮用，还能够做成糖水甜品。中医学认为，薏苡仁性凉，味甘、淡，入脾、胃、肺经，有利水渗湿，健脾止泻，除痹止痛、清热排脓的作用。薏苡仁又称薏米，目前，较为流行的薏苡仁食馔，有薏米猪骨汤、薏米茶、薏米红豆汤等。祛湿健脾的薏米，可发挥扶正清心的功效。

茶：
淡雅澄澈，心净则安

物类小识

茶，亦称“茗”，常绿木本植物，叶子呈长椭圆形，花一般为白色，种子有硬壳。茶树鲜嫩叶芽经加工的干燥制品就是茶叶，是我国南方重要的经济作物。按加工方法，茶叶分为红茶、绿茶、黑茶、青茶、白茶、黄茶六大类，亦可分为发酵茶、非发酵茶和半发酵茶三类，品种繁多。自古以来，茶在中国传统文化中就被喻为高雅之物，并被赋予“淡泊、朴素、节俭、清廉”的人格理念。

物语清风

自古以来，中国茶廉文化的氤氲茶香润泽着无数文人墨客，将人引向“简”与“俭”的大道上。《晏子春秋》记载：“婴相齐景公，食脱粟之食，炙三弋、五卵、苔菜耳矣。”陆羽在《茶经》中将“苔菜”引作“茗菜”，这是中国最早将茶与廉洁精神相结合的记载。到了魏晋南北朝便有“以茶养廉”之见，“茶”与“廉”所谓源远流长。现代人们“以茶代酒”，倡导的就是廉洁之风。

陆羽一生嗜茶，精于茶道，著有世界第一部茶学专著《茶经》。品茶鉴泉，陆羽深有感悟，提出“茶之为用，味至寒，为饮最宜精行俭德之人”，将茶文化与廉俭精神联系在一起。苏轼仕途坎坷，被贬至黄州、惠州、儋州，但无论在何处任官，他都保持着清廉为官的本色。苏轼在《和钱安道寄惠建茶》一诗中盛赞茶叶的清正：“森然可爱不可

源远流长的茶廉文化

慢，骨清肉腻和且正”，一如其“苟非吾之所有，虽一毫而莫取”的廉洁仕宦生涯。

清代阮元是一代名臣，他虽位高权重，却始终严格自律，拒绝收受财礼，并成就了“茶隐避寿”的典故。农历正月二十是阮元的生辰，每年这一日，他都举家外出，到山间竹林等远离尘世之处，饮茶赋诗，悠游赏景，以此闭门谢客。在两广总督任上，阮元就多次到学海堂避客“茶隐”，他在《正月二十日学海堂茶隐》一诗中有云：“地偏心远聊为隐，海阔天空不受遮。儒士有林真古茂，文人同苑最清华。”可见其清廉之风。

阮元担任两广总督期间，广州是全国唯一对外通商的港口，鸦片走私的情势猖獗。面对鸦片贩子每年高达十余万两的“私税”贿赂，阮元带头拒绝，一扫此前粤海关不良执法风气，并将“私税”尽数充公。赴两广各地视察时，他也轻车简从，不扰民、不纳礼。途经化州，闻得化州橘红大名，阮元只派仆人进园自行购买，不愿惊动地方百姓和官员。嘉庆帝给阮元以“有守有为、清俭持躬”的评价。

淡雅澄澈的茶汤，映照出清正廉洁的赤子之心，一杯清茶论古今，两袖清风存正气。

廉润古今

坐落于潮州市湘桥区的潮府工夫茶文化博物馆，是一座以工夫茶文化为主题的民间博物馆。馆内以夏、商、周至今的一系列茶器发展轨迹作为展览陈列线索，展出大量珍贵的中国茶道器具，为公众介绍中华茶道与潮汕工夫茶的悠久文化。漫步于馆内，可以见到不同时期多种多样的茶炉、茶釜、茶盏、茶罐等茶道器物，了解我国源远流长的茶道文化，品味这一份澄澈廉俭、淡雅高洁的茶道情怀，并将其藏于心间。

伊面：
从简戒奢，俭以养德

物类小识

伊面，原称“伊府面”，是一种油炸的鸡蛋面。其制作方法为，将鸡蛋与面粉掺水混合，制成面条，晒干后用油炸至金黄。伊面可储存备用，随吃随取，与现代的方便面有相似之处，故又被称为方便面的鼻祖。相传伊面诞生于清代，至今已有300多年的历史。伊面制作讲究，大而蓬松，色泽金黄，面身粗长，口味爽滑甘美。讲求好意头的广府人，也将其作为“长寿面”在寿筵上享用。

物语清风

一碗简单的伊面，不仅是令食客口味返璞归真的日常料理，也是有悟之士从简养性、廉俭修心的上好选择。“一粥一饭，当思来处不易；半丝半缕，恒念物力维艰”，简朴无华的日用吃穿之中，可以延伸出君子对德行规范的思考与领悟。

廉俭修心的伊面

伊面的发明，也是出自“简”的目的。相传，伊面的发明者是清代书法家伊秉绶。伊秉绶先后在惠州和扬州任知府，“前年到惠州，惠人遮道仍亟还；去年到扬州，扬人攀辕未许攀”，每到一处，都让人们为之留念，只因他“两任知府，掌河库道及盐运使，皆廉政也”。

在惠州任上，伊秉绶留下了一段可以与“东坡肉”媲美的美食佳话：据说由于公务繁忙，伊秉绶便让人提前把面煮熟，过油后晾干，储存起来，随时取用。时人称为“伊面”。如今“伊面”也是广东的三大面点（云吞面、伊面、煎堆）之一。有人说这就是现在的方便面，但它比国外最先出现的方便面还早了一百多年。如今广州、扬州、宁化、潮州、郑州、无锡等城市都有各色各样的伊面，已成为一种美食文化。

真水无香，真味实简。在伊面的制造与食用中，伊秉绶深得从简修心的启示；在任职期间，伊秉绶更践行廉洁务实之风。据《清史稿·循吏传》记载，伊秉绶一到惠州即"问民疾苦，裁汰陋规，行法不避豪右"。《惠州府志》也有记载，伊秉绶在任时奉公负责，必定亲自审理所有讼案。曾有一名受富豪欺凌的寡妇在堂上呼冤，伊秉绶调查清楚后，拘审并痛斥该富豪。清正不屈、一心为民的伊秉绶，也赢得了百姓的拥戴。此后，调任扬州知府的伊秉绶仍然廉洁勤政。扬州连年水灾，伊秉绶"饥咽脱粟（糙米）饭，渴饮浊流水"，日夜巡查灾情，亲自核发赈灾钱粮，让相关官吏无处可贪。

伊秉绶食能从简，政能秉廉，是俭以养德的优秀典范。简朴的伊面，修炼出一颗拒绝豪奢、拥抱廉德的心。

廉润古今

位于广州市越秀区的广州博物馆，藏有伊秉绶隶书《粤岳祠记》碑拓本。伊秉绶亦是金石大家，《粤岳祠记》碑是他60岁时的佳作，碑刻被称为"有文化的石头"。《粤岳祠记》碑堪称伊隶"精品之最"，该碑字形方正宽博，稳中求险绝，用笔圆润凝重。此般书法文风的特质，透露伊秉绶清正光明的庙堂之风。

豆腐：
洁白粹美，永葆本色

物类小识

豆腐，是一种以大豆为原料的中国传统食物，蛋白质含量较高，含有8种人体必需的氨基酸。其制作一般包括浸泡、碾磨、过滤、煮浆、加细、凝固等过程。《本草纲目》记载“豆腐之法，始于汉淮南王刘安”。清朝关于豆腐烹饪方法的资料很丰富，如李化楠的《醒园录》、徐珂的《清稗类钞》等均有记载。2014年，豆腐传统制作技艺入选中国第四批国家级非物质文化遗产代表性项目名录。

物语清风

豆腐原材料单一简明、营养丰富，是作馔的不二佳选，又因其洁白无瑕、口味清淡，成为文人士子追求永葆清白本性时的主动选择。

元代女诗人郑允端写道：“磨砻流玉乳，蒸煮结清泉。色比土酥净，香逾石髓坚。”赞美豆腐色白如玉、口味清美。清代褚人获的《坚瓠集》，则数出豆腐如“一钱可买”的俭德、“可去垢”的清德、“投之污则不成”的圣德等十种品德。

明代廉吏刘宗周以豆腐修身，克己寡欲，“日给不过四分，每日买菜腐一二十文”，为人却清廉果敢，屡次抗疏直言，时人称“刘豆腐”。清初文学家尤侗任永平府推官期间，政治清廉，重视教育。他撰有《豆腐戒》一书，认为常吃豆腐修身立德，方能在俭朴生活中戒除恶习。借助豆腐清白俭朴的特质，尤侗呼吁文士克己自持、清正修心。

洁白粹美的豆腐

南宋诗人杨万里在《诚斋集》中有一篇散文《豆卢子柔传》，构思别致有趣，以拟人化的笔法介绍了豆腐的身世："豆卢子柔者，名鲋，子柔其字也，世居外黄……外黄布衣豆卢鲋，洁白粹美，澹然于世味，有古大羹玄酒之风……鲋遂抱瓮隐于滁山……在汉未显也，至后魏始有闻。"

能专门为豆腐"立传"，显见杨万里对豆腐的喜欢，然而这也不单是诗人的口腹之欲，在某种程度上也可视为其自励与自况。终其一生，诗人杨万里在仕宦生涯中也做到了"洁白粹美，澹然于世味"。宋人罗大经《鹤林玉露》载，杨万里从常州知府调任提举广东常平茶盐时，将万缗积钱留在常州官库，两袖清风而去；在广东任官时，又将自己的七千俸钱代贫户纳税。杨万里回乡归隐后，两袖清风，诗人徐玑称赞他"清得门如水，贫唯带有金"。故居老屋三代未加修葺，只能挡挡丝风片雨。现在英德市为了纪念他，将一条全长22公里的市政大道命名为"杨万里大道"。可谓是"悠然千载后，重此继清风"。

甘于清贫、洁身自好的古代儒士，与纯洁的豆腐产生了共识，高洁粹美，永葆本色。

廉润古今

酿豆腐是客家三大名菜之一，以豆腐与猪肉为主要原料。猪肉与豆腐的荤素搭配，既满足了人们对口感的追求，又兼顾了营养摄入的全面。豆腐的嫩滑鲜美、肉馅的浓郁咸香，共同成就了一道美味的酿豆腐。梅州市五华县华城镇所产的酿豆腐，选用当地山泉水制作的五华豆腐、肥瘦比例适中的猪头梢肉，为酿豆腐中的佳品。2014年，五华酿豆腐传统技艺被列入梅州市市级非物质文化遗产代表性项目名录。